AF330551

LES GRANDES PLAIES

DE LA FRANCE

LE MATÉRIALISME

PAR ALEXANDRE, DE BEAUNE.

« *Multi enim ambulant, quorum finis interitus, quorum Deus venter est.* »
« Il y en a beaucoup qui ne voient rien au delà du tombeau et qui ne reconnaissent d'autre divinité que leur ventre. » S. PAUL.

PARIS

CH. DOUNIOL ET Cⁱᵉ, LIBRAIRES-ÉDITEURS

29, rue de Tournon.

—

1872

LE MATÉRIALISME

PARIS. — IMP. VICTOR GOUPY, RUE GARANCIÈRE, 5.

LES GRANDES PLAIES

DE LA FRANCE

LE MATÉRIALISME

PAR ALEXANDRE, DE BEAUNE.

« *Multi enim ambulant, quorum finis interitus, quorum Deus venter est.* »

« Il y en a beaucoup qui ne voient rien au delà du tombeau et qui ne reconnaissent d'autre divinité que leur ventre. »   S. PAUL.

PARIS

CH. DOUNIOL ET Cⁱᵉ, LIBRAIRES-ÉDITEURS
29, rue de Tournon.

1871

AVANT-PROPOS

Beaucoup de gens s'affligent de la décadence de cette noble France et se demandent quelle main vigoureuse pourra la tirer de l'abîme profond dans lequel l'ont plongée de funestes doctrines. Mais nous avons prouvé que l'éducation, telle qu'on prétend la donner dans certains établissements, conduit à l'athéisme et que l'athéisme ne peut enfanter que la licence la plus effrénée. Il ne nous reste plus qu'à signaler les effets de la dépravation des cœurs et de l'abaissement des esprits.

Nous savons que cet effrayant tableau fera sourire certains personnages qui ne recherchent que les jouissances matérielles, mais si les coups terribles qui ont ébranlé notre pays ne peuvent les émouvoir ; si, comme les lâches habitants d'Hippone, ils peuvent se vautrer dans la fange, tandis que des ennemis assiégent leur cité, il en est dont le sombre tableau de nos mœurs touchera le cœur et qui soutiendront de tous leurs efforts l'habile main chargée de nous faire rentrer dans la bonne voie. Qu'importe à notre oreille ce ricanement stupide qui depuis soixante ans poursuit en France l'œuvre du Fils de Dieu sur la terre ?

Il est bien vrai que de temps en temps
le sang et les larmes du monde ont fait
assez de bruit pour distraire de la mo-
querie les esprits les plus légers, mais
s'il y a eu stupeur, les cœurs en ont-ils
été changés? Quand Balthazar, les vases
du temple de Jérusalem à la main, re-
gardait sur la muraille le doigt de Dieu
qui écrivait son arrêt, l'infortuné trem-
bla peut-être de tous ses membres. Mais
comprit-il son crime? Tout au contraire,
il n'en continua pas moins son abomi-
nable orgie, qui devait être pour lui la
dernière. C'est que, lorsque le cœur est
desséché, il est bien rare que les yeux
ne se ferment pas à la lumière et que
les châtiments ne passent point pour des
événements fortuits.

Quoi qu'il en soit, nous dirons la vérité, quand même nous devrions rencontrer de nombreux adversaires, heureux si cet opuscule peut ranimer dans quelques âmes la foi qui s'éteint et convaincre de leurs erreurs les utopistes de ce siècle !

20 février 1871.

I.

LE PRÊTRE.

Le siècle le plus malade n'est pas celui qui se passionne pour l'erreur, mais le siècle qui néglige, qui dédaigne la vérité. Ainsi parlait, en 1816, un éloquent philosophe et déjà l'inévitable dissolution qu'il osait annoncer s'est accomplie. Mais avant cette épouvantable catastrophe, que de révolutions ont bouleversé cette pauvre France, où se sont débitées et où se débitent encore tant de monstrueuses doctrines! Veut-elle se proclamer royaume, empire ou république? Qui le sait? Royaume! Combien de temps les rois peuvent-ils rester sur leur trône? Empire! Ce nom ne rappelle-t-il pas deux invasions malheureuses? République! Les citoyens ont-ils assez de vertu pour l'organiser, pour lui assurer quelque vie? Hélas! par le temps qui court, est-ce que chacun n'aime pas un peu les richesses et les honneurs, et la République n'est-elle pas trop économe, trop rigide, pour ne point soulever contre elle l'inimitié de beaucoup de citoyens? Et déjà de quoi ne l'accuse-t-on pas?

A Dieu ne plaise que nous voulions faire d'inutiles récriminations contre les hommes qui ont amené les terribles dénoûments dont nous ressentons aujourd'hui les effets désastreux ! Mais en signalant les plaies de notre pays, pourrons-nous ne point esquisser le portrait de certains personnages qui prétendaient nous abaisser au niveau de leur bassesse ! Tant pis s'ils se reconnaissent. Nous leur dirons ce que saint Paul disait aux Galates : *Ergo inimicus vobis factus sum, verum dicens vobis ?*

On l'a déjà dit et beaucoup le diront encore après nous : les cultes dans une contrée doivent être libres, mais il faut qu'il y ait au moins un culte. Or, quel est le culte de la France ? Le culte catholique ! La majorité le professe, dit-on, mais les philosophes l'ont tellement attaqué, les journaux l'ont tellement bafoué, que le peuple le croit à la veille de sa mort. Il faut l'entendre dans son étrange langage parler du célibat des prêtres, de leur influence, des couvents et des congrégations. Pauvres insensés! Vous demandez que les prêtres se marient! Mais vous ne vous apercevez point que vous supprimez la confession, quoique Voltaire lui-même l'ait regardée *comme une chose excellente, comme le frein le plus puissant aux crimes invétérés*, et que Rousseau lui ait attribué la plupart des restitutions et des réparations. Et, en effet, quel est donc celui d'entre vous qui oserait confier ses secrets les plus intimes à un homme qui aurait rendu une femme maîtresse des siens? Mais à ceux qui ne veulent avouer leurs fautes qu'à l'heure suprême, nous répondrons : si la peste éclatait dans votre pays, croyez-vous que les prêtres mariés s'empresseraient de visiter les pestiférés et de leur administrer les derniers sacrements ? Et si ces prêtres avaient des enfants, que ne feraient-ils point pour les placer préférablement aux vôtres ? Ah ! croyez-nous, le nombre des aspirants aux fonctions civiles et militaires est déjà trop grand pour en créer une nouvelle légion, légion formidable celle-là, parce qu'elle ne se recruterait que parmi les gens lettrés et jouissant d'un certain crédit.

Vous parlez de l'influence des prêtres, mais il faut croire que cette influence tant vantée n'est pas aussi grande que vous le prétendez, puisqu'elle n'a pas été assez puissante pour tirer la France de cette profonde léthargie au milieu de laquelle elle s'est tout à coup réveillée dans le sang. Et cependant que de voix éloquentes ne s'étaient point élevées du haut des chaires pour flétrir les turpitudes de ce siècle! Que de brochures n'ont point été publiées pour nous rappeler les anciennes grandeurs de notre pays dont nous semblons avoir complétement perdu le souvenir!

Vous parlez des couvents, vous vous étonnez de leur existence, nous ajouterons même de leur nombre qui va toujours croissant. Mais est-ce au nom de la liberté que vous pourriez défendre à des jeunes filles de se retirer de votre monde pour vivre plus sagement et qu'il serait permis à des courtisanes de se rassembler pour donner des leçons de débauche? Est-ce encore au nom de la liberté que des prodigues jetteraient leur or à des filles sans pudeur, à des directeurs de taverne, tandis que d'autres plus sobres, plus tempérés ne pourraient pas

même léguer la plus petite somme à l'é-
glise qui les a vus naître et à l'ombre
de laquelle reposera leur dépouille mor-
telle? Je sais que de graves abus peuvent se commettre, que des religieux
qui renoncent aux richesses ne doivent
pas les accaparer, parce qu'elles ont
autrefois causé leur chute, et que des
moines qui possèdent de belles rentes
ne peuvent prêcher le désintéressement.
Mais il faut avouer que nos législateurs
ont inséré dans leurs lois certaines res-
trictions qui ne permettent pas aux couvents de thésauriser, et que les pauvres
obtiennent toujours une assez large part
dans les ressources dont disposent quelques maisons. Car combien d'écoles et
d'autres œuvres aussi importantes les
religieux n'ont-ils pas fondées? Mais si
des abus peuvent encore rarement se

glisser, a-t-on même une faible idée du pauvre desservant dans la plupart des communes rurales? Presque seul dans son église, de quelle amertume son cœur n'est-il pas abreuvé chaque dimanche lorsqu'il monte en chaire et qu'il ne peut adresser la parole de vie qu'à de rares auditeurs? Les autres jours, trouve-t-il chaque matin un jeune enfant qui veuille lui servir la messe? Son budget est si modique qu'il ne peut acheter les livres qui lui permettraient de trouver quelque charme dans la triste solitude que lui impose son dévouement. Et pourtant, que ne lui doit-on pas? N'est-ce point lui qui régénérait le monde dans les ténèbres des catacombes, lorsque Néron se promenait à la lueur de torches sanglantes pour l'anéantir? N'est-ce point lui qui s'est

placé la croix à la main devant les Barbares pour modérer leur fureur contre
les vaincus? N'est-ce pas encore lui
qui a résisté aux passions brutales des
princes du moyen âge et qui, malgré
sa faiblesse et son humilité, brisait les
escadrons d'hommes de fer du terrible
Henri IV, empereur d'Allemagne, et de
ses successeurs? Sous le nom de Vincent
de Paul, que d'enfants délaissés n'a-t-il
point recueillis pour les placer dans les
asiles que son zèle leur avait édifiés !
Sous celui de Jean-Baptiste de la Salle,
que d'écoles n'a-t-il pas ouvertes aux
fils des pauvres, sans craindre d'endosser publiquement la robe de bure que
tant de gens dédaignent, comme si cette
robe n'avait point été portée par des
hommes dévoués dont l'existence s'est
écoulée dans la pratique de toutes les

vertus ! Que lui reproche-t-on de nos jours? De taxer les bancs ou les chaises dans les églises, de célébrer les funérailles d'un opulent avec une pompe qu'il n'accorde pas aux pauvres ! Mais à qui donc appartient la recette des bancs ou des chaises? N'est-ce pas à la fabrique qui doit pourvoir à l'entretien du culte et qui n'a d'autres ressources que celles des bancs, des quêtes et des services funéraires? Pour supprimer le casuel, pour accorder certains honneurs aux pauvres, que l'État se charge de l'entretien des églises, qu'il solde lui-même les employés, qu'il rénumère convenablement les ministres du Seigneur ! Est-ce que les prêtres s'y opposent? Croyez-vous qu'ils soient bien satisfaits chaque année de voir leur modique supplément discuté, diminué, quelquefois même supprimé par de misérables conseillers qui ne considèrent souvent dans leur pasteur que l'ennemi de leurs passions, que le témoin trop clairvoyant de leurs misères et qui, pour se venger, saisissent l'occasion de l'humilier?

Mais, dira-t-on, chaque commune ne peut-elle pas disposer de ses ressources à son gré, et tenir ainsi ses fonctionnaires en haleine? Pauvres gens, qui marchandez la vertu, le dévouement même, que disiez-vous donc lorsque l'Empire empochait vos gros sous et se contentait de compter des soldats sur le papier? Que disiez-vous donc lorsque votre or sortait de vos coffres pour construire des salles d'opéra, pour arrondir les gros traitements de fonctionnaires qui ne s'occupaient guère de vous? Vous vous taisiez en donnant vos écus, et vous

osez marchander votre pasteur, dont les
appointements sont bien maigres et dont
les besoins sont plus grands que vous ne
pensez. Dans quel code avez-vous lu
que le ministre du Dieu des miséricordes
doive tenir un registre de ses bonnes
œuvres et vous apporter ses comptes
pour les vérifier? Croyez-moi, il est dans
chaque commune de ces infortunes qui
se dérobent à tous les regards, et dont
l'œil du prêtre découvre seul l'amertume. Et quel est donc celui de vous
qui, frappé par quelque événement su-
bit, n'a point vu cet homme que vous
dédaignez accourir dans sa demeure
pour tenter de cicatriser ses plaies?
Mais telle est la perversité de certaines
gens qu'au moment suprême, à cette
heure dernière, où l'âme doit se recueil-
lir pour paraître devant son Dieu, ils

croient faire un grand acte de bravoure en lui fermant leur porte ou en méprisant sa parole. Parce que de mauvais journaux débitent de scandaleuses anecdotes, répètent chaque jour que les prêtres trament quelque complot, jettent le trouble dans les familles, il y a même des gens qui ne se croient assez forts que lorsqu'ils passent à leurs côtés sans ôter leur chapeau. Mais s'il se rencontre quelques prêtres qui ont parfois oublié leur mission, qui devons-nous en accuser? N'est-ce point l'isolement dans lequel notre grossière indifférence les contraint de passer leurs jours, les sarcarmes avec lesquels nous poursuivons trop souvent leurs généreux efforts et cette position plus ou moins précaire qui leur est imposée par les puissants de ce monde? Et parmi ceux qui lancent contre eux les plus terribles anathèmes, combien pourraient se résoudre à vivre une seule année dans un obscur village, instruisant et soulageant des gens qui ne vous comprennent pas? Mais on aime mieux ne parler que de quelques pauvres égarés pour frapper de la même réprobation tous les membres du sacerdoce. Le moyen de conserver dans le cœur des jeunes enfants la semence divine que les pasteurs y ont déposée? Le moyen de réformer cette pauvre société, qui ne sait plus de quel régime elle doit vivre et qui s'en va frapper à toutes les portes pour demander de nouvelles jouissances, lorsque l'incrédulité accumule autour d'elle tant de périls et même tant de ruines?

II.

.

L'INCRÉDULE.

Nos aïeux nous avaient appris que nous avons été créés à l'image de Dieu et que, rachetés par le sang du Christ et sanctifiés par l'Esprit-Saint, nous pouvions aspirer de tous nos efforts à la gloire céleste. Certains philosophes se sont permis de déchirer ces titres de noblesse et de nous apprendre dans leur grotesque langage que nous ne sommes que des *singes perfectionnés*. Il faut avouer que la révélation de cette étrange métamorphose aurait dû soulever l'indignation des honnêtes gens, et que les livres de ces prétendus docteurs n'auraient dû s'étaler que sur les quais de la capitale, en attendant que nos mains les précipitent dans la Seine pour y rouler avec les immondices de nos rues. Eh bien! le dirai-je? Ces doctrines dégradantes ont rencontré de nombreux adhérents qui n'ont pas craint d'en tirer de funestes conséquences. Et en effet, si l'homme n'est qu'un *singe perfectionné*, si l'âme n'est plus qu'une chimère, à quoi donc sert la vertu? Quoi! vous souffrez ici-bas, vous êtes accablés par les maladies, par la misère? Pourquoi ne point vous soustraire par le suicide à cette fatalité qui vous oppresse, qui vous écrase? Et même admettons que vous jouissiez des dons de la fortune, des honneurs et de la santé, qui donc vous empêcherait de violer les lois de la société, de manquer à votre dignité lorsque les hommes ne peuvent vous atteindre, lorsqu'en un mot vous avez l'adresse de ne pas vous asseoir sur le banc de la cour d'assises? Les fauteurs des doctrines étranges dont nous avons parlé vous absoudraient même devant les tribunaux, car ils prouveraient que « l'homme obéit à des lois qui lui sont propres comme la pierre qui tombe obéit à la loi de la pesanteur. » Mais ces doctrines ont été flétries par un ministre devant les sénateurs. « Messieurs, s'écria-t-il, le matérialisme, savez-vous ce que c'est? C'est l'*irresponsabilité*. Si le matérialisme est vrai, nous sommes irresponsables, et si nous sommes irresponsables, les tribunaux, les cours d'assises, leurs décisions, les condamnations prononcées contre les criminels, contre les assassins, sont d'odieuses comédies qu'aucun droit ne justifie. » Mais si ces doctrines ont soulevé l'indignation parce qu'elles attaquaient la magistrature, qu'a-t-on dit des doctrines de M. Renan, qui s'est permis dans un livre de supprimer complétement le christianisme? Il est bien vrai que ce docte professeur d'hébreu, qui prétend en savoir plus que saint Jérôme, hésite à la fin de son pamphlet et ne sait si Jésus est un homme ou un Dieu, quoique Jean-Jacques Rouseau y ait mis un peu plus de franchise. Ah! monsieur l'hébraïsant, vous avez hésité et vous vous êtes cru plus habile que saint Jérôme! Mais ignoriez-vous que ce Père de l'Église s'était enfui de Rome pour combattre contre lui-même, et que, s'il n'eût pas découvert la divinité de Jésus-

Christ dans ses livres et dans ses actes, il n'eût pas demandé mieux que de quitter le désert et de se plonger dans les orgies dont la capitale donnait alors l'effrayant spectacle ! Mais comment pouvait-il douter de la vérité de l'Évangile lorsqu'il voyait accourir dans cette grotte, où le Roi des rois était né pauvre et nu, les descendants des Scipions et des Gracques chassés du cœur de l'empire par les Barbares, ces aveugles exécuteurs d'un dessein éternel ? Commentant alors Ezéchiel, il appliquait à Rome les paroles du prophète sur la ruine de Tyr et de Jérusalem : « Je ferai monter contre vous plusieurs peuples, comme la mer fait monter les flots. Ils détruiront les murs jusqu'à la poussière. » Mais, lorsque lisant ces mots, « les enfants de Juda passeront d'un pays à un autre et seront emmenés captifs, » le solitaire jetait les yeux sur ses hôtes, il fondait en larmes en voyant de nouveau l'accomplissement des paroles du prophète.

Mais qu'importait à M. Renan cet émouvant tableau? Le professeur de langue hébraïque savait bien que la multitude n'irait point chercher des arguments dans la grotte de Bethléem, et ne se demanderait pas si saint Jérôme et tant d'autres docteurs savaient moins d'hébreu que lui. Ce qu'il voulait avant tout, c'était frapper l'Église dans son chef invisible pour renverser plus facilement la papauté. Et en effet, comment chasser de Rome un vieillard vénérable qui inspire même le respect à ses ennemis, que le monde catholique vénère encore et que le pouvoir n'osait détrôner? Mais en attaquant Jésus, en criant sur tous les toits qu'il n'est point Dieu, qu'il n'est que le fils de Joseph et de Marie, M. Renan se doutait qu'il jetterait le trouble dans les consciences, et qu'à la première occasion le chef visible de l'Église serait dépouillé de son dernier apanage. Il faut pourtant avouer que ce machiavélisme honteux a complétement échoué, et que les Italiens ne se sont permis de consommer leur attentat que lorsque la France était envahie par les Prussiens. Mais si l'Autriche et l'Espagne ont laissé lâchement dépouiller le souverain pontife, si l'Italie a cru trouver la paix et la liberté dans cette inique spoliation, que ces royaumes se rappellent qu'on ne viole pas impunément les lois de Dieu.

Quoi qu'il en soit, M. Renan doit se glorifier du triomphe de ses doctrines

2.

qui ont enfanté les *libres penseurs* et complétement rassuré les indifférents. Mais si certains philosophes veulent descendre dans la tombe en protestant contre le catholicisme, il y en a qui plus habiles voudraient l'anéantir par le baiser de Judas. Loin d'employer la violence qui entraîne trop souvent après elle la réaction, ces gens-là feignent d'admirer les pompes du catholicisme, parce qu'elles assurent au commerce quelque prospérité et qu'elles contiennent la multitude toujours avide de fêtes et d'émotions. Ils descendent même jusqu'à l'observation de certaines pratiques religieuses pour ne point brusquer l'opinion publique, sans doute à l'exemple de ce bon Socrate qui sacrifiait un coq à Esculape, ou de ce Cicéron qui assistait quelquefois gravement à l'égor-

gement de quelques volailles sacrées,
sauf à s'en moquer le soir dans un festin.
Mais à quoi bon se réduire au triste rôle
d'hypocrite et corrompre la multitude
par une tactique si déloyale? N'est-il
point temps de reconnaître la stabilité
de l'Église au milieu du flux et du reflux
des événements et de comprendre que,
malgré tous les efforts de ceux qui nous
étourdissent de leurs hymnes funèbres,
l'Église vivra éternellement pour chan-
ter le triomphe de son Dieu sur les
ruines de l'erreur?

Mais le moyen d'ouvrir les yeux à la
lumière, lorsque le rugissement des passions a succédé à la voix de la con-
science? Pauvres insensés, qui ne recher-
chez ici-bas que les honneurs et les richesses, vous vous récriez bien fort contre
le catholicisme, parce qu'il n'enseigne

que des mystères. Mais de ces mystères
en savez-vous même le nom ? Vous trouvez étrange que Dieu se soit permis de
créer l'homme pour avoir le droit de
le punir. Mais lorsque vous faites le mal,
vous savez bien que vous êtes coupables, que vous auriez pu ne point le faire,
et que la liberté seule peut constituer le
mérite des actions. Vous trouvez étrange
que le Fils de Dieu descende sur la terre,
s'incarne dans le sein d'une Vierge et
meure pour nous sur la croix. Mais est-
ce la bonté de Dieu ou sa puissance
que vous osez nier ? Sa puissance !
Mais qui donc a créé tout cet univers et
les êtres qui l'habitent ? Le grand pro-
dige de prendre un corps lorsqu'on en
donne à des millions d'êtres qu'on peut
anéantir d'un souffle ! Sa bonté ! Mais ce
Dieu que vous accusez ou que vous dé-

daignez a voulu que l'homme prévari-
cateur puisse se racheter, et pour le
soutenir dans sa pénible lutte, il lui a
envoyé son Fils. Quel est donc le mys-
tère qui choque votre raison ? Est-ce que
vous souriez de pitié lorsqu'un père té-
moigne encore quelque tendresse à des
enfants égarés ? — L'Évangile, dites-
vous, renferme, sans aucun doute, de
sublimes préceptes ; mais qui donc
pourrait prouver la divinité de Jésus-
Christ ? — Mais est-ce que Jésus-Christ,
qui s'est proclamé lui-même le Fils de
Dieu, n'a pas eu tous les Juifs pour témoins de ses miracles et de ses prédic-
tions ? Est-ce qu'il ne leur a pas annoncé
leur dispersion dans l'univers et la ruine
de Jérusalem ? S'il n'était point ressus-
cité, s'il n'était point monté visiblement
au ciel devant ses disciples, croyez-vous

que ces gens-là seraient morts pour lui?
Que faut-il donc de plus? Vous croyez à
l'existence de César, d'Alexandre et
même de Sésostris, parce que des monu-
ments constatent encore leur passage
sur cette terre et vous refusez de croire
à Jésus-Christ, lorsque ses historiens ne
sont point des hommes salariés, des
gens toujours prêts à exalter la gloire
de leur héros, mais des témoins qui ne
reculent pas même devant les supplices
pour confesser leur foi ! Subiriez-vous la
mort pour affirmer que les restes d'A-
lexandre le Macédonien furent déposés
dans un temple d'Alexandrie, ou que
César reçut vingt-trois coups de poi-
gnard dans le sénat de Rome?

Vous demandez sans doute que Dieu
fasse sortir des entrailles de la terre
quelque défunt pour qu'il vous raconte

ce qu'il y a dans l'autre monde ! Mais est-ce que Dieu n'enfante pas assez de prodiges chaque jour devant vos yeux pour que vous puissiez en demander d'autres ? Est-ce que dans ce pauvre cœur tout desséché vous ne sentez pas encore jaillir des désirs que vous ne pouvez satisfaire ? Est-ce que la justice des hommes atteint toujours ici-bas les coupables et que les hommes vertueux obtiennent toujours leur récompense ? Quoi ! messieurs les philosophes, vous vous vantez d'aimer la justice, de la re-chercher et vous refuseriez à l'Être su-prême les qualités dont vous ne craignez point de faire parade ! Vous vous vantez d'aimer vos frères, de les secourir et vous prétendez que l'Être suprême précipite dans le néant de pauvres créatures qui l'ont fidèlement servi, lorsqu'il lui est si

facile de tirer notre corps du tombeau !
« Aussi, dit Bourdaloue, ai-je bien lieu
« d'être surpris que vous, qui vous
« piquez d'une prétendue force d'esprit,
« vous formiez là-dessus tant de diffi-
« cultés. Comme si la résurrection n'é-
« tait pas évidemment possible à Dieu
« notre créateur. Car, dit saint Augus-
« tin, s'il a pu créer de rien nos
« corps, ne pourra-t-il pas les former
« une seconde fois de leur propre ma-
« tière : et qui l'empêchera de rétablir
« ce qui était déjà, puisqu'il a pu faire
« ce qui n'avait jamais été ? Comme si
« cette résurrection n'était pas même
« aisée et facile à Dieu, puisqu'il est
« tout-puissant et que rien ne résiste à
« une puissance sans bornes, comme si
« toutes les créatures ne nous rendaient
« pas cette résurrection très-sensible.

« Un grain de blé meurt dans le sein de
« la terre, et il faut en effet que ce petit
« grain se pourrisse et qu'il meure ;
« mais ensuite ne le voyons-nous pas
« renaître et n'est-il pas étrange que ce
« qui vous fait douter de votre résurrec-
« tion soit cela même par où la Provi-
« dence a voulu vous la rendre plus
« intelligible? » N'est-il point temps d'a-
vouer que le christianisme dont vous pro-
clamez les monstrueuses erreurs ne vous
importune que parce qu'il oppose des
digues au torrent de vos passions et qu'il
condamne ce que vous exaltez dans vos
écrits mensongers? Quoi ! Si l'on vous
écoutait, la vie se réduirait à amasser de
la fortune, des dignités et des honneurs,
à se hausser sur les pieds pour dépasser
les autres de la tête, à bâtir de somp-
tueux édifices que cadavres il nous faut

bientôt abandonner ! En vérité, nous devons l'avouer, ce serait pour bien peu de chose que Dieu nous aurait gratifiés de l'existence ! Car l'homme d'affaires passerait donc ses jours dans l'absorption complète de son cœur sur une spéculation de bourse, l'homme de commerce dans la tenue de ses livres de compte pour y calculer ses recettes et ses dépenses, et les hommes d'ambition dans les antichambres des palais pour y mendier des dignités qui ne les font grands que pour quelques personnes qui les entourent ! Mais si le christianisme a fait son temps, comme vous le dites, voyons, messieurs les philosophes et les indifférents, quelles ont été vos œuvres depuis que vous assourdissez nos oreilles de vos cris impudents.

———•◦•◦•———

III.

LES PROLÉTAIRES.

L'Évangile avait proclamé l'égalité
des hommes devant Dieu, en nous ap-
prenant que nous avons un même Père
et que par conséquent nous sommes
tous frères. Les philosophes, en proclamant les droits de l'homme, ont créé, sans
s'en douter, le prolétariat, comme dans
les républiques d'Athènes et de Rome, ils
avaient divisé les hommes en deux classes
complétement distinctes, les libres et les
esclaves, sans s'occuper de la femme et

des enfants qu'ils abandonnaient au bon caprice du père de famille. C'est qu'en effet, lorsqu'on se croit les descendants des singes ou de pauvres êtres destinés à passer quelques jours sur ce globe pour féconder plus tard de ses débris les entrailles de la terre, il ne doit plus y avoir que deux classes d'hommes, les *prolétaires* et les *parvenus.*

Ah ! messieurs les utopistes, vous avez, dites-vous, supprimé l'esclavage en envoyant les nobles à l'échafaud et en convertissant nos temples en greniers à foin. Mais ces esclaves, ces pauvres déshérités des joies de ce monde, qui donc les avait livrés au pouvoir despotique des grands, et qui donc avait permis à ces grands de tailler sans merci leurs misérables serfs? Ce n'est pas le christianisme qui compte parmi ses nobles enfants des héros qui ont recueilli les lépreux, qui ont ramassé dans la rue les enfants délaissés et qui ont toujours opposé la croix au glaive des oppresseurs lorsqu'ils ne les frappaient pas d'anathème. Vous parlez du moyen âge, de ces siècles de ténèbres et d'effroi, mais dans ces siècles d'enfantement, qui donc ouvrait des asiles aux fugitifs, imposait des lois aux tyrans et plaçait sous sa tutelle les veuves et les orphelins? N'était-ce point l'Eglise dont vous feignez de méconnaître la tendre sollicitude? On a parlé des fêtes nombreuses qu'elle avait inscrites sur son calendrier et que vous avez supprimées, sans doute pour enfler l'escarcelle de ces prolétaires qui ont vu croître le nombre des journées de travail. Mais au moyen âge pourquoi l'Eglise avait-elle institué tant de fêtes ? N'était-ce point pour adoucir le sort des esclaves dont le travail ne profitait qu'aux maîtres, et qui ces jours-là jouissaient du repos, en célébrant la mémoire de ceux qui peut-être comme eux, avaient vécu sur la terre dans les larmes et dans les tribulations?

Mais lorsque les décades ont été substituées aux fêtes, mes pauvres prolétaires, vous avez applaudi de toutes vos mains à la philanthropie de messieurs les philosophes, vous les avez salués comme de vrais libérateurs et vous avez cru tenir la fortune, parce que vous pouviez travailler trois cent vingt-neuf jours au lieu de trois cents. Eh bien! si vous avez appris à compter, je vais vous prouver que ces messieurs se sont moqués de vous. Supposez qu'il faille trois cents ouvriers pour faire un travail en dix jours. Croyez-vous que s'ils le faisaient en neuf jours, leur solde en serait plus forte? — Assurément, direz-vous, car il leur resterait un jour de travail à tant. — Mais ne voyez-vous pas qu'il faudra trouver de l'ouvrage pour les trois cents ouvriers qui resteront inoccupés et que plus le nombre des ouvriers augmentera, moins le salaire sera élevé, car vous vous ferez à vous-mêmes concurrence? — Mais est-ce que la grève, dira-t-on, n'a pas été inventée pour modérer la cupidité du fabricant, de l'entrepreneur, que sais-je, de tout homme qui a besoin des bras d'un autre?

— Mais est-ce que le consommateur, vous répondra-t-on, s'occupe de la grève, et mettra deux paires de bas au lieu d'une pour satisfaire aux exigences des ouvriers et des fabricants? Croyez-moi, quand bien même le dimanche n'aurait été institué que pour diminuer la quantité de travail et vous assurer un salaire suffisant, il faudrait religieusement l'observer.

Vous avez parlé de grève. Eh bien ! je vais vous indiquer celle qu'il vous faut faire sur-le-champ, si vous savez calculer. Voyez-vous au coin de cette rue ce bouchon qui se balance au gré des vents? C'est l'enseigne du cabaret, de ces lieux de débauche où vous allez sottement dépenser votre salaire et profaner stupidement les jours que respectaient nos ancêtres. Combien payez-vous le vin ? Cinquante, soixante et même quatre-vingts centimes le litre, lorsqu'avec le prix du temps que vous perdez dans ce cabaret vous en auriez à quarante, à trente et même à vingt centimes. Nous nous sommes souvent demandé à quoi pensait le gouvernement en tolérant les cabarets, en les multipliant même. Il y a des gens qui vous répondront qu'il perçoit de trop beaux impôts pour les supprimer. Mais lorsque la taxe des lettres a été abaissée, le gouvernement n'a-t-il point déclaré que ses revenus avaient augmenté ? Eh bien ! supprimez les cabarets et diminuez les impôts sur les boissons bues à domicile et vous verrez la même augmentation se produire sans parler de la morale qui y gagnera quelque chose, car dans ces bouges qu'on appelle cabarets, que dépense l'ouvrier ? Trop souvent le salaire qu'une femme et des enfants attendent pour acheter le pain qui leur manque. Quel exemple un père peut-il donner à ses enfants, lorsqu'il rentre au milieu des ténèbres de la nuit, vociférant, blasphémant

3.

ou inerte comme une brute? Quelle morale peut-il enseigner, lorsque quelquefois il se livre à des actes de brutalité que nous n'osons dépeindre et qui chaque jour frappent nos regards ?

En supprimant les cabarets, en favorisant la vente du *vin à emporter,* qu'arriverait-il ? Que l'ouvrier ne perdrait pas le lundi, qu'avec cette économie sa femme et ses enfants pourraient boire du vin plus souvent et qu'en imposant adroitement la vie de famille, le gouvernement y trouverait des recettes plus abondantes. Quand donc nos économistes qui écrivent chaque jour tant d'articles comprendront-ils ce simple raisonnement? Quand donc cessera-t-on de débiter tant de sottes utopies pour rechercher une bonne fois les véritables causes de notre décadence ?

Mais que des révolutions trop fréquentes bouleversent la France, que l'ennemi envahisse nos bourgs et nos cités, il faut voir à quelle détresse sont réduits les chalands des cabarets. Que les villes soient écrasées d'impôts, que les hommes sobres et économes soient seuls requis pour héberger le vainqueur, peu leur importe ! Mais qui souffre surtout dans ces calamités ? Ne sont-ce pas les vieillards, les veuves et les orphelins auxquels nous devons des secours ? Et que deviendraient-ils sans les trésors inépuisables de tendresse que l'Eglise sait puiser dans les préceptes de l'Evangile ? Il faut l'entendre dans son langage proclamer la dignité du pauvre et l'entourer pour ainsi dire d'une majestueuse auréole :

« La plus grande de toutes les dignités de ce monde, c'est la pauvreté. N'est-ce pas elle, s'écrie saint François d'Assise, qui vous reçut, Seigneur, dans l'étable et dans la crèche et qui, vous accompagnant tout le long de la vie, prit soin que vous n'eussiez pas où reposer la tête? Quand vous commençâtes la guerre de notre Rédemption, ne vint-elle pas s'attacher à vous comme un écuyer fidèle et se tenir à vos côtés, tandis que vos disciples prenaient la fuite?...»

« Que le pauvre évangélique n'envie donc point la fortune des riches! Que peut-il souhaiter en ce monde qui soit plus grand que la pauvreté? Soumis et résigné, ne continue-t-il pas le Christ souffrant et endolori? Ah! Riches de cette terre qui ne dédaignez point de lui tendre cordialement la main, qui le visitez dans sa détresse, saluez-le avec respect, car s'il reçoit de vous un pain terrestre, ne vous dispense-t-il pas le pain de l'âme au nom de celui dont il n'est peut-être que l'envoyé pour éprouver votre justice, votre charité, et vous sauver par vos œuvres ? »

Est-ce ainsi que certains utopistes transforment le pauvre et le font resplendir des rayons de la divinité? En proclamant que l'homme n'est qu'un être passager sur cette terre et qu'il ne doit trouver dans le tombeau que le néant, n'ont-ils point découronné le pauvre dans le monde présent pour ne lui laisser entrevoir que les jouissances matérielles? Ainsi l'ont compris beaucoup de prolétaires qui consument leur vie dans les orgies et dans les émeutes, ne travaillant que pour gagner leur pain quotidien et ne s'inquiétant nullement du lendemain. On a pourtant inventé les caisses d'épargne, les caisses de la vieillesse et d'autres institutions qui pourraient alléger les souffrances. Mais recommandez donc l'économie dans un siècle où le luxe s'étale au grand jour, où l'or et l'argent sont follement prodigués pour satisfaire les caprices et la vanité d'un monde en délire !

IV.

LES PARVENUS.

Dans un temps où l'on préconise de tous côtés la fortune, où chacun voudrait s'assurer le bien-être, que d'efforts ne tente-t-on pas pour enfler son capital! Mais s'il y en a qui se contentent d'amasser quelque somme par un travail de trente années, combien d'autres plus avides s'empressent d'emplir leurs poches aux dépens du public! Voulez-vous des millions? Fondez une vaste maison de banque, répandez des milliers de pros-

pectus au moyen desquels vous allèche-
rez les petits capitalistes et vous verrez
bientôt vos caisses s'emplir, surtout si
vous savez grassement payer les rédac-
teurs de certains journaux dont les der-
nières colonnes contiennent toujours de
si pompeux éloges. Que l'affaire soit
bonne ou mauvaise, les fondateurs ne
courent aucun risque. La loi n'est-elle
point là pour les protéger, pour leur
faire accorder un concordat moyennant
tant pour cent ? Autrefois des peines sé-
vères frappaient les faillis lorsqu'ils ne
justifiaient point de pertes réelles et
même d'un certain discernement dans
les affaires. Mais aujourd'hui que la con-
trainte par corps est abolie, que les fri-
pons peuvent insulter à ceux qu'ils ont
dépouillés, tout est permis, pourvu que
le vol ne se fasse point par escalade ou

par quelque autre cas prévu par la loi très-débonnaire, comme on le voit.

Demandez aux fondateurs de ces caisses qui devaient rapporter de si beaux bénéfices ce que sont devenus les capitaux qui affluaient comme par enchantement. Hélas! tout s'est effondré en quelques années, en quelques mois même. Que dire à des spéculateurs lorsqu'ils ont obtenu la majesté et l'inviolabilité d'une fortune princière! Ne trouvent-ils pas toujours des hommes d'affaires qui savent embrouiller les comptes et débouter les délinquants des poursuites par une lenteur calculée? Le moyen de se plaindre, lorsque des États prétendus catholiques spolient les gens en réduisant leurs rentes, malgré la foi des traités?

Il faut pourtant avouer que tout le

monde n'a pas un nom assez sonore, un crédit assez grand pour fonder de ces entreprises qui finissent par rester seulement à l'état de chronique, comme les mines de Mouzaia, par exemple. Mais il y a des moyens moins expéditifs et plus sûrs dans ce beau pays de France, où les gens se laissent prendre comme les oiseaux à la glu. Vous fondez un journal financier qui chaque mois, chaque semaine allèche les petits capitalistes par l'expectative de rentes à 10, à 11, à 12 pour 100, sans compter le remboursement qui doit être triple, quadruple et même centuple. Et savez-vous quel sera l'emploi des capitaux prélevés sur la crédulité publique? Ils serviront à solder les voluptueuses fêtes des harems de l'Orient, tandis que le commerce, l'agriculture et l'industrie souffrent, faute de crédit, et que des sociétés mentent effrontément à leur titre pour jeter les sous de l'épargne à la plus honteuse débauche.

Il est vrai que les émissions rencontrent quelquefois des incrédules, des journalistes même et le cas est rare, qui dénoncent de tels abus, mais à certains moments les directeurs d'émissions savent frapper la caisse et les cymbales et empocher les écus, car le luxe toujours croissant ne force-t-il pas les petits capitalistes de recourir tôt ou tard à des gens qui leur permettent de soutenir leur train? Hélas! Que doit donc dire dans la tombe le vénérable Dupin qui signalait, il y a quelques années, le luxe effréné qui devait amener de si sanglantes catastrophes! Comme son âme doit gémir à la vue de tant de ruines et

d'une chute si lamentable! Et dire qu'il
y avait des gens assez niais pour le trai-
ter de Caton d'Utique, comme on trai-
tait M. Thiers de Prussien, lorsque l'empereur, dans un moment d'égarement,
déclarait la guerre à l'Allemagne! Pauvres insensés! Comment donc ont péri
les grandes monarchies de l'antiquité?
N'est-ce pas le luxe qui a creusé leurs
tombes? Croyez-vous qu'Élagabale, vêtu
de robes de soie brodées de perles et
mollement étendu sur des coussins en-
flés d'un duvet cueilli sous des ailes de
perdrix, aurait triomphé des Èques qui
menaçaient Rome, comme le robuste
Cincinnatus qui demandait aux ambas-
sadeurs qui venaient l'enlever à ses tra-
vaux champêtres, la permission d'es-
suyer la sueur qui lui couvrait le front
et de vêtir sa toge? Quel fut donc le

sort de ce pauvre Darius Codoman,
lorsqu'entouré de ses femmes et de ses
eunuques et monté sur un char tout res-
plendissant d'or, il vint offrir la bataille
dans les plaines d'Arbelles au jeune roi
de Macédoine?

Mais, dira-t-on, le luxe alimente le
commerce. Ah! s'il lui donne quelque
vie, comme le prétendent certains utopistes, que de malaises, que de misères
même n'engendre-t-il pas? Dans un
pays où tout le monde veut jouir, comment le prix de certaines denrées ne
devrait-il pas s'élever, lorsque des ache-
teurs trop nombreux s'en disputent la
possession? Nos pères se contentaient
de peu, en vivaient-ils moins longtemps
et en étaient-ils moins heureux?

On a crié contre le prix des loyers
qui va toujours en augmentant, mais

pourquoi tant de bons villageois déser-
tent-ils les champs qui les ont vus naître
pour s'abriter dans nos villes ? Il est
bien vrai que le salaire a doublé, que
le nombre des heures de travail a diminué, mais en somme qu'a gagné l'ouvrier ? De n'avoir pas plus dans sa poche
qu'au bon vieux temps et de tomber
dans une misère plus affreuse encore
lorsque quelque événement imprévu lui
enlève le travail. Et dire que le luxe
avait rendu cette pauvre France la
première des nations, la reine du
monde !

Mais voyons de quelles perles se com-
posait son diadème. Croit-on qu'une
femme puisse remplir son noble rôle de
mère, lorsque coiffée d'un colifichet qui
n'a plus de nom, vêtue comme une
poupée, elle se promène sur nos boule-

vards pour étaler sa toilette et attirer sur elle les regards de certains passants? Croit-on qu'une jeune fille d'une mise excentrique, puisse imposer beaucoup de respect aux impudents qui se permettent de la prendre pour ce qu'elle n'est pas? Et où donc la vertu résidera-t-elle, si les deux plus belles prérogatives d'ici-bas, la virginité et la maternité, sont ainsi dédaignées? Ah! Mesdames, vous vous plaignez quelquefois des exigences de la profession de votre mari, du faste qu'il vous faut déployer pour soutenir un certain crédit, mais avouez en toute franchise que ces raisons sont plus spécieuses que solides et que vous vous prêtez volontiers aux caprices si nombreux et souvent si grotesques de la mode.

Et pourtant savez-vous ce que coûte

ce luxe effréné dont vous osez faire parade? Il coûte les sueurs de vos maris et quelquefois certains actes que la probité condamne. Car dans un siècle où la vertu n'est plus honorée, où l'on exalte la fortune, où l'on veut en quelques années la conquérir, à quelles bassesses ne descendent pas certains industriels? Les mesures et les poids sont, dit-on, soumis aux vérificateurs. Mais le pauvre peuple sait-il un mot du système métrique? Sait-il combien coûtent deux sous de telle ou telle marchandise à tant le kilogramme, et ne se trouve-t-il pas des gens qui exploitent effrontément son ignorance? Combien d'autres plus audacieux se permettent d'escompter leurs dettes par un délai calculé? Que dire à des hommes dont la puissance est assez grande pour en imposer à la multitude et qui osent se targuer d'être des honnêtes gens ! Le mal vient donc un peu de vous, Mesdames, qui jouissez pourtant du privilége de conserver vos propriétés, lorsque vos maris se sont ruinés pour satisfaire à vos dépenses. Il est bien vrai que des habiles vous présentent la plume pour vous faire endosser certains billets, mais combien ne poussent point la prévoyance jusque-là !

Si le luxe dans les villes déploie toutes ses raffineries et étale toutes ses lèpres, quels ravages ne cause-t-il pas dans les campagnes ? Bons et simples villageois, qui vous plaignez de la rareté des domestiques et de leurs exigences, quel est donc le nombre de vos enfants ? Il est bien rare que vous en comptiez deux et lorsque vous n'en avez qu'un, qu'en faites-vous ? Presque jamais un cultiva-

teur, mais un notaire, un avocat, que
sais-je? un propriétaire qui se plaint de
la rigueur des saisons et qui aime beaucoup plus le billard que la charrue. Et
vous voudriez que le domestique qui
recueille vos plaintes, qui savoure un
peu votre mollesse, se brise le corps pour
exploiter vos champs! Mais si cet unique
enfant est une fille, pourquoi crier tout
haut que vous ne voulez pas en faire
une villageoise? Grâce à l'éducation
qu'elle a reçue dans certaines institutions, grâce à la toilette qu'elle porte,
quel est le prétendant assez audacieux
qui oserait en approcher? Ne faut-il pas
que cet heureux mortel soit quelque ci-
tadin qui n'épousera trop souvent que
vos écus et qui calculera froidement ce
qui vous reste à vivre, simples villageois,
pour empocher votre succession. Ah!

croyez-vous que si les familles étaient aussi nombreuses qu'autrefois, le luxe causerait tant de désappointements ? Les domestiques moins rares seraient plus dociles et se contenteraient d'un salaire raisonnable, tandis que vos garçons et vos filles moins riches et moins prétentieux travailleraient un peu plus, et trouveraient au foyer des joies qu'ils ne connaissent pas.

Mais convertissez donc des gens qui ne voient point le soleil en plein midi et qui ne découvrent rien au delà de l'horizon de leur clocher ! Vous parlez des villes, rusés campagnards, vous vous élevez contre elles, lorsque des tempêtes révolutionnaires bouleversent la société, lorsque l'ennemi couvre le sol de ses bataillons. Mais de vos fils uniques, de ces enfants gâtés combien l'ar-

mée dans ses rangs en comptait-elle?
Presque aucun, car vous préfériez donner
quelques écus et vous en remettre à la
bonne foi des gens qui les empochaient.
Mais si ceux qui possèdent le sol ne
veulent le défendre, croyez-vous que
ceux qui ne le possèdent pas seront
toujours disposés à mourir pour vous
conserver vos propriétés? Les Prussiens
l'ont bien compris et ne nous ont vaincus
que parce que nous ignorions cette vérité. Et pourtant ce sol que vous fécon-
dez de vos engrais, cette maison dans
laquelle vous vous donnez des airs de
bourgeois, savez-vous ce qu'il a fallu
de sueurs et de tribulations pour vous
les acquérir? Hélas! Il a fallu d'abord
qu'un pauvre esclave par de nombreuses
années de travail conquît la liberté,
qu'un autre devenu libre se courbât

bien longtemps sous le faix, pour solder le prix d'un petit coin de terre, d'une petite chaumière, et qu'ensuite dix, peut-être quinze générations vécussent de privations pour vous léguer ce que vous possédez. Et vous hésitiez à confier la défense de ce dépôt précieux à vos fils et vous vous contentiez de déposer tranquillement votre vote dans une urne, sans vous inquiéter de l'avenir, pourvu que vos denrées se vendissent, que votre clocher ne changeât point de place! Eh bien! mes amis les villageois, tandis que par votre mauvais calcul et par le luxe de vos filles, vous rendiez les champs déserts et diminuiez le nombre des travailleurs, les villes donnaient également le scandale d'une grande nation qui dissipe follement sa suprématie, et qui, au lieu de ce bien-être

tant vanté qui n'était que la mollesse,
ne devait trouver que la honte et la
ruine. Mais voyons les tristes effets de
l'égoïsme, lorsqu'il prive la patrie de
vigoureux citoyens et l'Église de nobles
enfants.

V.

LES PETITS-CREVÉS.

La Régence avait vu les *roués* dont les nombreux désordres amenèrent l'effroyable tempête qui engloutit le trône et l'autel. Malgré cet épouvantable cataclysme, la France triompha pourtant de l'Europe et promena son drapeau des rives du Tage au Volga. Pourquoi cela? Parce que, 'si les hautes classes s'étaient permis de donner le honteux spectacle de leurs débauches, les autres classes avaient encore conservé quelques restes de cette foi qui seule fait les héros. Mais il n'appartenait qu'au siècle prétendu des lumières d'enfanter les *petits-crevés*. Les insensés! N'avaient-ils point lu dans leur enfance que les flots du déluge ont englouti les victimes de la volupté, que Sodome et Gomorrhe ont été dévorées par le feu du ciel, que les monarchies et les républiques de l'antiquité sont tombées comme des cadavres, vermoulues par le sensualisme? Mais ils iraient volontiers chercher des voluptés sur les ruines de cette Babylone où les bêtes féroces prolongent leurs lugubres hurlements dans les lieux mêmes où les courtisanes asiatiques s'accompagnaient de la guitare et modulaient des chants obscènes. D'où vient donc cet étrange délire, cette dégoûtante dépravation? De l'éducation.

Dès leur jeunesse leur a-t-on jamais parlé du souverain Juge, du respect qu'on se doit à soi-même? Le souverain Juge! Mais est-ce que Dieu ne plane pas à des hauteurs trop considérables pour daigner s'abaisser jusqu'à de chétives créatures? La vie ne s'écoule-t-elle pas trop rapidement pour en perdre le plus léger instant? Imbus de ces doctrines, n'ont-ils pas été dès leur enfance témoins d'affreux scandales au domicile paternel? Voyez-vous ce gros bourgeois qui se promène et qui affecte un certain sourire de dandy? Vous le prenez sans doute pour un galant homme qui vient respirer le frais sous l'ombrage de nos boulevards. Cet homme, devrais-je le dire, sourit de son crime et se croit un habile, parce qu'il a dégradé pour quelques sous une pauvre fille qu'il a séduite.

L'infâme! Tandis que cette imprudente bien vite délaissée s'asphyxie peut-être pour échapper à la honte, ou va se vautrer dans la fange pour s'étourdir, il ose fièrement lever la tête et prêcherait volontiers la morale au premier venu. Mais s'il viole impunément les lois divines, s'il se joue de l'existence d'une pauvre créature que Dieu avait faite à son image, son fils se charge de dissiper la fortune dont il abuse et de souiller le nom qu'il ne sait porter. Et, en effet, croit-on que les petits-crevés se rencontrent dans les familles dont les chefs ont encore conservé dans leur cœur les traditions de l'honneur et les sublimes enseignements de l'Évangile? Je sais que la jeunesse est pétulante, qu'elle cède facilement aux séductions, mais il faut avouer que l'autorité paternelle doit

exercer une certaine influence, lorsqu'elle appartient à un homme qui rem-
plit ses devoirs, et que les larmes d'une
mère obtiennent presque toujours du
succès, lorsqu'elles coulent des yeux
d'une femme chrétienne.

Mais combien d'enfants ont le bon-
heur de recevoir les bienfaits d'une véri-
table éducation! Est-ce que dans ce siècle de mollesse un père ne confie pas
quelquefois son fils à des éducateurs au
rabais et ne sait nullement résister aux
mille caprices de ce petit être qui finit
par devenir un impertinent? Ne lui parlez pas d'études sérieuses; sa fortune
n'est-elle pas assez ronde pour lui per-
mettre de vivre plus tard à sa fantaisie?
De ses semblables que sait-il? Que les
riches sont les maîtres de ce monde,
qu'avec un peu d'or les honneurs sont

accordés quelquefois aux plus vils, et que le sensualisme aujourd'hui a le pouvoir de créer des célébrités de désordre, d'illustrer l'impudeur et de lui donner une place dans l'attention publique.

Aussi voyez ces jeunes insolents sortis des écoles avant le temps, quelle arrogance dans leur démarche! Quelles paroles étranges s'échappent de leurs lèvres! On dirait que la terre n'a été créée que pour eux, que les rues ne sont point assez larges sur leur passage et qu'ils doivent attirer tous les regards de la multitude. Mais il faudrait assister à toutes les courbettes que ces fils de haut lignage font devant une obscure villageoise qu'ils ont métamorphosée en femme du demi-monde. Ils savent peut-être qu'à l'heure même où ils jettent l'or à pleines mains, il y a de pauvres mères qui grelottent, qui n'ont pas de pain, peu leur importe ! Ils trouveront toujours des négociants assez criminels pour leur fournir d'élégantes parures et pour leur faire escompter quelquefois leur succession. Je m'arrête, car le cœur me manquerait, si je voulais révéler toutes les turpitudes, toutes les bassesses de ces jeunes gens qui se sont glorifiés de la qualification de *petits-crevés*, se rendant sans doute justice à eux-mêmes. Mais si je jette le voile sur les orgies dont parlent certains publicistes, je veux signaler les tristes effets du sensualisme. Voyez-vous ce jeune homme, dont le front est déjà chauve, dont les joues sont hâves et creuses, dont le regard est plein d'une tristesse stupide, dont le corps chancelle ! Détournez-vous de lui, c'est le libertin portant déjà le sceau de l'ignominie. Son esprit depuis longtemps s'est incliné vers la terre, parce que distrait par des désirs sans cesse renaissants, obsédé d'impurs fantômes, il a perdu toute sa vigueur et toute sa fécondité. Encore quelques années, quelques mois peut-être, et ce malheureux cessera d'offrir la dégoûtante image d'une complète décrépitude, car le fossoyeur sera venu prendre son cadavre pour l'abandonner aux vers qui déjà le dévoraient.

Mais si tous les petits-crevés ne succombent point, si le sensualisme ne les jette pas entre les bras de la mort bien avant l'heure où elle devait les recevoir, qu'attendre d'eux? Ces hommes pervers trouvent quelquefois pour compagnes des jeunes filles chrétiennes dont les vertus devraient les ramener au bien. Mais lorsque la source des doux sentiments et des pures émotions est tarie, le mariage n'est guère qu'une simple spéculation, qu'une affaire de bourse. Aussi de quelles révélations honteuses ne retentissent point chaque année les tribunaux, quoique des amis cherchent à étouffer bien des scandales! Que de femmes indignement trompées s'en vont chercher un refuge dans leurs familles pour échapper aux tortures de certains hommes dépravés! Et voilà pourtant pour quels insensés le service militaire n'était point obligatoire! Ah! Messieurs, vous n'avez point voulu subir le joug bien léger des lycées et des pensions, vous vous êtes insurgés contre l'autorité toute paternelle d'un proviseur, d'un chef d'institution, eh bien! moi, si j'étais chef du gouvernement, je vous forcerais d'exécuter les ordres d'un simple capo-

ral. Peut-être vos passions s'amorti-
raient-elles et finiriez-vous par comprendre que vous n'êtes point les maîtres
sur cette terre et que vous avez des devoirs à remplir. Quelques heures de salle
de police vous apprendraient qu'il n'est
jamais bon de se livrer à la mollesse et
de se donner des airs d'impertinence.
Mais depuis soixante ans à quoi donc
pensaient messieurs les députés? Dans
quelle histoire avaient-ils lu que les riches propriétaires de Sparte et de Rome
étaient exempts de la milice? Quoi!
Messieurs, vous proclamiez l'égalité des
citoyens, et pour quelques centaines de
francs vous imposiez aux plus pauvres
le soin de défendre la patrie! Et qu'est-ce
donc que la patrie par le temps qui
court? Est-ce le sol que nous avons reçu
de nos aïeux? Sont-ce les traditions de

l'honneur et du devoir qui nous ont été léguées par des héros dont le nom a retenti jusque dans l'extrême Orient?

Quoi qu'il en soit, les événements ont dû vous apprendre qu'on n'improvise point des armées avec des jeunes gens énervés par la mollesse. Et dire qu'il y avait des gens assez naïfs pour croire qu'ils avaient payé l'impôt du sang, quelquefois même par une simple faveur toujours obtenue aux dépens d'un pauvre! Mais au lieu de signaler cette iniquité, d'autres plus téméraires criaient au désarmement général, lorsque la Prusse depuis longtemps guettait l'occasion de nous prouver que notre système militaire était défectueux. *Et nunc intelligite!* Ainsi vont les choses, lorsque l'égoïsme préside à la confection des lois et qu'on oublie les règles les plus élé-

mentaires de la justice. Mais convertissez
donc des hommes qui volaient sans nul
souci tout ce que le pouvoir leur demandait! Ils se devaient bien de mu-
tuelles concessions!

VI.

CONCLUSION.

J'aurais dû signaler d'autres plaies qui rongent la France et que d'autres plus habiles peut-être révéleront. Mais lorsque l'éducation de la jeunesse est donnée au nom d'un État qui ne professe aucun culte, qui solde un rabbin comme il solde un ministre chrétien sans s'inquiéter de leurs doctrines, qui stipendie même quelquefois des professeurs d'athéisme, lorsque la plupart des citoyens élevés à cette haute école met-

tent les jouissances matérielles au-des-
sus des jouissances de l'âme, que de
brochures, que de livres n'écrirait-on
pas pour prouver que nous sommes en
pleine décadence et qu'il n'y aura bientôt
plus en France de Français que le nom !
A qui la faute, dira-t-on ? Au gouvernement, s'écrie-t-on de tous côtés. La
chose est facile à dire. Mais lorsqu'un
gouvernement bâillonne la presse, en-
voie quelques émeutiers au delà des
mers pour y digérer leur mauvaise hu-
meur, on crie bien vite au despotisme.
S'il lâche la bride aux mauvaises passions, s'il laisse quelques énergumènes
pérorer trop librement dans les clubs,
on rit d'abord, puis on finit par trouver
ce pouvoir trop débonnaire. Le moyen
de contenter son monde ?

Eh bien ! moi, qui n'ai pas un pignon

sur la rue, qui ne jouis que d'une mo-
deste rente, fruit de mes labeurs, si
j'étais gouvernement, je me ferais un
devoir d'honorer la vertu, de la récom-
penser partout où je la rencontrerais,
dans la plus humble chaumière comme
dans le château le plus opulent. Loin de
prodiguer les honneurs et les dignités à
des hommes d'une vertu souvent dou-
teuse, quelquefois même à d'habiles
spéculateurs dont les dupes s'indignent
de voir le scandaleux étalage, je ne
m'entourerais que d'hommes honora-
bles qui comprennent les besoins du
peuple et qui sauraient tout à la fois
contenir les aspirations d'une liberté qui
n'est que la licence, et favoriser fran-
chement toutes les institutions qui peuvent moraliser les masses et mainte-
nir la dignité du nom français. Mais

qu'a-t-on fait depuis un demi-siècle? Au lieu d'applaudir aux nobles efforts de certains journaux qui dévoilaient l'abîme vers lequel nous courions joyeusement, on a stipendié des feuilles qui distillaient sournoisement le poison et qui voulaient nous prouver que la France occupait le premier rang parmi les nations, tandis que celles-ci proclamaient avec effroi notre décadence. Et qu'attendre d'un gouvernement sans cesse réduit aux abois, dont l'autorité ne se maintient que par la fraude ou par de coupables largesses? Obligé de solliciter la candidature du premier venu, que dis-je, d'un homme qui n'a pas toujours les sympathies des honnêtes citoyens, il tâche d'effrayer les masses par de misérables épouvantails et ne se croit en sûreté que lorsqu'il a corrompu jusqu'au plus humble fonctionnaire. Mais on a vu depuis longtemps les tristes résultats de ce machiavélisme honteux. Croyez-moi, laissez vos candidats officiels. Si vous usez noblement du pouvoir, si vos actes portent toujours l'empreinte de la justice, les masses sauront bien discerner leurs véritables intérêts et vous enverront d'honnêtes représentants.

Mais, comme l'a dit M. Armand de Pontmartin, lorsque la politique s'appelle Morny ou Rouher, lorsque le tailleur pour femmes devient une puissance, lorsque les fils des croisés, les fils de Voltaire et les fils d'agents de change vont jouer pêle-mêle un jeu d'enfer chez Cora Pearl ou la Barucci, lorsque la parole appartient au mensonge, Paris à M. Haussmann, l'argent aux agioteurs, l'urne électorale aux préfets et la

France aux empiriques, il arrive alors que la grandeur tant prônée d'un peuple s'évanouit au moindre souffle et qu'il tombe lui-même au pouvoir de quelques hommes turbulents ou du premier envahisseur. Qui l'aurait cru le 1er juillet au dépouillement des votes du plébiscite? Tout ce qui arrive cependant dans le monde a son signe qui le précède. Lorsque le soleil est près de se lever, l'horizon se colore de mille nuances et l'Orient paraît tout en feu. Lorsque la tempête vient, on entend sur le rivage un sourd bruissement et les flots s'agitent comme d'eux-mêmes. Ainsi, lorsque les trônes chancellent, il arrive de ces scandales inouïs, il s'élève d'étranges rumeurs qui en présagent la chute.

TABLE DES MATIÈRES

PARIS. — IMP. VICTOR GOUPY, RUE GARANCIÈRE, 5.